AF341052

EDICTS DV ROY,

PORTANS CREATION

& suppreſſion de trois Offices de Payeurs
& Controolleurs des rentes nouuellement conſtituees à l'Hoſtel de Ville de
Paris ſur les Gabelles, & attribution de
deux deniers pour liure de taxation en
heredité aux Receueurs & Payeurs de
toutes les rentes conſtituees audit Hoſtel de Ville aſſignees ſur les Gabelles.

*Verifié en la Chambre des Comptes le ſixieſme Mars,
mil ſix cens vingt-ſix.*

A PARIS,

Chez C. MOREL, P. METTAYER, &
A. ESTIENE, Imprimeurs
ordinaires du Roy.

M. DC XXVI.

Auec Priuilege de ſa Maieſté.

3

OVIS par la grace de Dieu, Roy de France & de Nauarre, A tous presens & à venir, Salut. Les grandes despenses que nous auons esté & sommes contraints iournellement de supporter, pour la manutétion de nostre Estat, Nous ayans obligez d'aliener & constituer en vertu de nostre Edict du mois de   mil six cens vingt-vn à l'Hostel de nostre bonne ville de Paris, quatre cens mil liures de rente, & les assigner sur le reuenu general de nos Gabelles, Et encores en vertu d'autre nostre present Edict du mois de Nouembre, cinq cens mil liures de rente, reuenans lesdites constitutions ensemble à neuf cens mil liures par chacun an: Et d'autant que les arrerages desdites nouuelles rentes se payent de quartier en quartier, & des deniers de nosdites Gabelles des mesmes quartiers, sans qu'il y ait aucun reculement comme il y a pour les anciennes rentes constituees audit Hostel de Ville, & assignees sur ladite nature de deniers, montant treize cens mil liures par an, Et les payemens desdites rentes, se faisans par mesmes payeurs en mesme annee: Ceste forme apporteroit de la confusion, tant en la fonction des Receueurs & payeurs desdites rentes qu'en celle des Controlleurs. A quoy voulans pouruoir, SÇAVOIR FAISONS qu'apres auoir mis

A ij

cette affaire en deliberation en noſtre Conſeil,
auquel eſtoit la Royne noſtre tres-honoree Da-
me & Mere, aucuns Princes de noſtre Sang, officiers de noſtre Couronne, & autres grands &
notables perſonnages de noſtredit Conſeil, De
l'aduis d'iceluy, & de noſtre certaine ſcience,
pleine puiſſance & auctorité Royale : Nous
auons par noſtre preſent Edict perpetuel & irreuocable, creé & eſtably, creons & eſtabliſſons
en tiltre d'office formé, trois offices de nos Conſeillers Receueurs & payeurs deſdites rentes
nouuellement conſtituees à l'Hoſtel de noſtredite Ville de Paris aſſignees ſur noſdites Gabelles
& Greniers à Sel, en vertu de noſdits Edicts des
mois de   mil ſix cens vingt-vn, & du
preſent mois, & trois offices de nos Conſeillers
& Controlleurs au payement deſdites rentes,
pour iouïr & vſer deſdits offices par ceux qui en
ſeront pourueuz aux meſmes honneurs, autho-
ritez, prerogatiues, preeminances, franchiſes,
libertez, exemptions, droicts, & priuileges dont
iouyſſent, & qui ſont attribuez aux Receueurs
& payeurs des autres rentes conſtituees audit
Hoſtel de Ville & aſſignees ſur leſdites Gabelles, Aydes, Clergé, & receptes generales par les
Edicts de leur creation, & aux gaiges, ſçauoir
leſdits Receueurs en l'annee d'exercice huict
mil liures, & hors icelle de cinq mil liures, ſans
qu'ils puiſſent pretendre aucunes taxations, ſoit
pour l'entretenement de leurs Commis, ou au-
trement, pour n'eſtre ſubiets à aucuns frais de re-
couurement, ny port & voicture de deniers, les
Fermiers de noſdites Gabelles eſtans tenus de

payer le prix de leurs Fermes en cestedite Ville;
Et ausdits Controolleurs aux gages de trois mil
liures, tant en annee d'exercice que hors d'exercice, à prendre lesdits gages sur les deniers de
nosdites Gabelles, dont Nous ferons deliurer
chacun an le fonds és mains de celuy desdits
payeurs qui sera en exercice, & sans que pour
raison desdits gaiges, il soit aucune chose dimi-
nué du fonds desdites rentes: Et à ceste fin rece-
uront les pourueus desdits Offices chacun en ladite annee de leur exercice les deniers affectez
ausdites rentes aux termes accoustumez par les
mains des Fermiers de nosdites Gabelles, sur les-
quels le fonds est assigné pour en faire ledit
payement de quartier en quartier sur le registre
des Constitutions qui leur seront pour ce bail-
lez par les Preuosts des Marchands & Escheuins
de nostredite Ville, & suiuant l'ordre prescript
par les Reglemens sur ce faits pour la seureté &
facilité dudit payement au contentement des
acquereurs desdites rentes, à la charge aussi de
rendre compte du maniement de leurs charges
par chacun an en nostre Chambre des Comptes
en la maniere accoustumee, leur permettant de
faire & dresser leursdits comptes, ainsi que les
autres payeurs desdites rentes constituees sur
lesdites Gabelles: pour les Espices, façon & red-
dition desquels comptes, fera fait & laissé fonds
ausdits Receueurs dans l'Estat de nosdites Gabelles, ainsi que pour lesdites rentes & leursdits
gages, & seront tenus auparauant que d'entrer
en exercice, bailler bonne & suffisante caution,
iusques à la somme de vingt mil liures, sans que

les Receueurs & payeurs qui font chargez du payement des autres rentes plus anciennes conftituees & affignées fur lefdits deniers, puif-fent s'entremettre à l'aduenir, tant du payement des rentes conftituees en vertu de noftredit Edict du mois de   mil fix cens vingt vn, que de noftre autre Edict du prefent mois de Nouembre, à peine de fufpenfion de leurs char-ges & de payer deux fois. SI DONNONS en mandement à nos amez & feaux Confeillers les gens de nos Comptes à Paris, que ceftuy noftre prefent Edict ils facent lire, publier, & enregi-ftrer,& du contenu en iceluy iouyr & vfer par les pourueus defdits Offices pleinement & paifi-blement ceffans,& faifans ceffer tous troubles & empefchemens au contraire. Mandons en outre à nos chers & bien amez les Preuoft des Mar-chands & Efcheuins de noftre bonne ville de Paris, qu'ils facent pareillement enregiftrer au Greffe de ladite ville cefdites prefentes, & le contenu en icelles garder & obferuer de poinct en poinct felon leur forme & teneur, contrai-gnant à ce faire, fouffrir & obeyr tous ceux qui pour ce feront à contraindre : CAR tel eft no-ftre plaifir. Et afin que ce foit chofe ferme & fta-ble à toufiours, Nous auons fait mettre noftre fcel à cefdites prefentes. Donné à Paris au mois de Nouembre l'an de grace mil fix cens vingt-quatre. Et de noftre regne le quinziefme. Signé LOVIS, Et fur le reply. Par le Roy, LE BEAV-CLERC, Et à cofté Vifa. Et feellé fur lacs de foye rouge & verte du grand feau de cire verte.

EXTRAICT DES REGISTRES DV
CONSEIL D'ESTAT.

SVR ce qui a esté remonstré au Roy en son Conseil, par les Preuost des Marchands & Escheuins de la ville de Paris, Que par la creation que sa Maiesté a n'agueres faicte par Edict du mois de Nouembre dernier, des trois Offices de Receueurs & payeurs des rentes nouuellement constituees sur le reuenu des Gabelles de sa Maiesté, & trois offices de Controlleurs desdites rentes, aux gages portez par ledit Edict, Le public receuroit beaucoup de preiudice à cause de l'augmētation du nombre d'officiers qui s'entremettroient du payement & controolle des rentes constituees sur vne mesme nature, pour raison duquel ayant à s'adresser en mesme temps à differentes personnes, tant pour faire descharger leurs quittances, que receuoir leur payement : Ce seroit apporter de la longueur & incommodité aux particuliers, sans necessité : Requerans qu'il pleust à sa Maiesté reuoquer ledit Edict : Cōme aussi les Receueurs & Cōtrolleurs generaux des rentes de l'Hostel de ladite Vilde Paris assignees sur lesdites Gabelles, auroient remonstré que leurs charges ayant cy deuant esté creées & establies pour faire la recepte & payement des rentes constituees audit Hostel de ville assignees sur le reuenu desdites Gabelles, sans qu'il y ait rien de limité en leur exercice, soit pour le nombre des constitutions ou des sommes, Il ne pouuoit estre creé aucun Officier pour vaquer à la mesme fonction, sans leur diminuer & oster leur exercice, qu'vn mesme aduis pour la creation des offices declarez audit Edict, ayant esté proposé en l'annee mil six cens vingt vn, Auroit esté reietté pour la seule consideration de la fonction attri-

buee à leurs offices par leur Edict de creation: Et pour cé-
ste raison ont esté deschargez, tant de la recepte des deniers
du prix principal de la constitution de quatre cens mil liures de rente, que du payement des arrerages, comme leur
appartenant d'office: & mesmes que par ledit Edict du
mois de Nouembre pour la nouuelle alienation de cinq cens
mil liures de rente, la mesme forme tant pour la recepte du
principal que payement des arrerages desdites rentes a esté
ordonnee. Supplians sa Maiesté de considerer d'ailleurs
les notables sommes de deniers qu'ils ont payees à diuers
temps aux coffres de sa Maiesté pour lesdits offices, &
qu'en l'exercice d'iceux ils se sont comportez auec toute fidelité & sans aucune plainte: Le Roy en son Conseil, ayant
esgard ausdites remonstrances, a reuoqué & reuoque ledit
Edict du mois de Nouembre dernier, portant creation desdits trois offices de Receueurs, & trois Controlleurs generaux
desdites nouuelles rentes, A maintenu & maintient lesdits
anciens Receueurs & Controlleurs generaux desdites rentes
assignees sur lesdites Gabelles en l'exercice de leurs offices,
Et sa Maiesté voulant pouruoir à vne plus grande seureté
des deniers affectés au payement desdites rentes, & estre se-
courue en la necessité de ses affaires par lesdits Receueurs
& Controlleurs, A ordonné & ordonne que lesdits Receueurs iouïront à l'aduenir au tiltre d'heredité de deux deniers tournois pour liure de taxations de leur recepte actuelle
en l'annee de leur exercice seulemēt, Et outre par chacun an
de deux mil liures d'augmentations de gages par dessus les
autres gages dont ils iouïssent, & chacun desdits Controlleurs quinze cens liures aussi par an outre leurs anciens
gages, desquelles augmentations de gages & taxations,
le fonds sera mis és mains desdits Receueurs, comme dé
leursdits anciens gages & laissé dans les estats de sa Maiesté des deniers desdites Gabelles auec celuy desdites ren=
tes,

ſes, pour leſquelles nouuelles rentes de quatre cens mil liures
d'vne part, & cinq cens mil liures d'autre, ils feront &
dreſſeront leurs comptes comme ils ont accouſtumé pour les
anciēnes rentes, pour leſquelles attributions de taxations &
augmentations de gages, leſdits officiers ſerõt tenus de payer
en ſes parties Caſuelles dans quinze iours apres l'enregiſtre-
ment de l'Edict qui ſera faict en execution du preſent Arreſt, les ſommes auſquelles chacun d'eux ſera taxé audit
Conſeil, le tout ſans que pour raiſon de ladite augmentation
de gages, l'eualuation & eſtimation de leurs offices ſur laquelle ils ont payé le preſt & ſoixantieſme denier d'icelle,
pour iouir du benefice de la diſpenſe des quarente iours,
puiſſe eſtre augmentee, & ſoient tenus payer à l'aduenir
plus grande ſomme pour iouir à l'aduenir ny leurs ſucceſſeurs dudit benefice, tant qu'il aura lieu, que celle qu'ils
payent à preſent. Faict au Conſeil d'Eſtat du Roy, tenu à
Paris le dernier iour de Decembre mil ſix cens vingt-quatre.
Signé,   *DE FLECELLES.*

LOVIS par la grace de Dieu Roy de
France & de Nauarre, A tous preſens &
à venir, Salut. Par noſtre Edict du mois
de Nouembre dernier cy attaché ſouz le con-
tre-ſeel de noſtre Chancellerie, ayant pour les
cauſes y contenues creé & erigé en tiltre d'office
formé, trois offices de Receueurs & payeurs des
rentes nouuellement conſtituees ſur le reuenu
de nos Gabelles: Et trois offices de Controlleurs
deſdites rentes, aux gages, ſçauoir auſdits Receueurs chacun de huict mil liures en exercice, &
cinq mil liures hors exercice, & auſdits Controolleurs chacun trois mil liures, ſelon & ainſi

qu'il est plus au long declaré par nostredit Edict:
Et depuis sur ce que nos chers & bien amez les
Preuost des Marchands & Escheuins de nostre
bonne ville de Paris nous ont remonstré que le
public receuroit beaucoup de preiudice si nostredit Edict auoit lieu, à cause de l'augmentatiõ
du nombre d'officiers qui s'entremettroient du
payement & controlle des rentes constituees sur
vne mesme nature, pour raison duquel, ayant à
s'adresser en mesme temps à differentes personnes, tant pour faire decharger leurs quittances
que receuoir ledit payement: Ce seroit apporter
de la longueur & incommodité aux particuliers
sans necessité, Nous requerant qu'il nous pleust
reuoquer nostredit Edict, Comme aussi les Receueurs & Controolleurs generaux des rentes
de l'Hostel de ladite Ville de Paris assignees sur
lesdites Gabelles, nous ont faict representer,
qu'ayant esté leurs charges cy deuant creées &
establies pour faire la recepte & payement des
rentes constituées à l'Hostel de ladite Ville, &
assignees sur le reuenu general desdites Gabelles
sans qu'il y ait rien de limité en leur exercice,
soit pour le nombre des cõstitutions ou des sommes, il ne pouuoit estre creé aucun officier pour
vaquer en la mesme fonction, sans leur diminuer
& oster leurdit exercice, Qu'vn mesme aduis
pour la creation des offices declarez en nostredit
Edict, Nous ayant esté proposé en ladite annee
mil six cés vingt-vn auroit esté reietté sans qu'ils
en eussent faict aucune instance, & pour la seule
consideration de la fonction attribuee à leurs offices par les Edicts de creation, Que pour ceste

ſi

raiſon ils ont eſté chargez tant de la recepte des deniers du prix principal de la conſtitution de quatre cens mil liures, que du payement des arrerages, comme leur appartenant d'office : Et meſmes que par noſtre Edict du mois de Nouembre, portant la nouuelle allienation des cinq cens mil liures de rente, la meſme forme, tant pour la recepte du principal que payement des arrerages deſdites rentes a eſté ordonnee, Nous ſupplians d'ailleurs de conſiderer les notables ſommes de deniers payees à diuers temps dans nos coffres pour leſdits offices, Et qu'en l'exercice d'iceux, ils ſe ſont comportez auec toute fidelité ſans aucune plainte, Nous auons par Arreſt de noſtre Conſeil d'Eſtat du dernier Decembre dernier paſſé, accordé la reuocation dudit Edict, & maintenu leſdits Receueurs & Controlleurs en l'exercice de leurs offices, & ordóné que leſdits Receueurs auroient à l'aduenir deux deniers tournois pour liures de taxation de leur actuelle recepte en l'annee de leur exercice à titre d'heredité pour vne plus grande ſeureté des deniers affectez au payemét deſdites rentes, auec vne augmentation de deux mil liures de gages par chaçun an, & leſdits Controolleurs de quinze cens liures auſſi d'augmentation de gages par annee, en nous ſecourant chacun de quelque ſomme raiſonnable pour ſubuenir à la neceſſité tres-vrgente de nos affaires. Sçavoir faisons que de l'aduis de noſtredit Conſeil & de noſtre certaine ſcience, pleine puiſſance & authorité Royale, Nous auons par le preſent Edict perpetuel & irreuocable, reuoqué & reuoquons no-

ſtredit Edict du mois de Nouembre dernier, portant creation deſdits trois offices de Receueurs,
& trois Controolleurs generaux deſdites nouuelles rentes, ſans qu'ores ny à l'aduenir, & pour
quelque cauſe que ce ſoit, il puiſſe auoir lieu cōme le payement de toutes les rentes conſtituees
à l'Hoſtel de noſtredite ville, & aſſighees ſur le
reuenu general de noſdites Gabelles & controlle d'iceluy, appartenant & eſtant de la fonction
des charges deſdits anciens Receueurs & Controlleurs ja creez & eſtablis pour la recepte &
controlle de toutes leſdites rentes conſtituees :
Auquel payement & controlle, Nous les auons
en tant que beſoin eſt ou ſeroit & leurs ſucceſſeurs auſdites charges & offices, conſeruez &
maintenus, conſeruons & maintenons, ſans qu'il
puiſſe eſtre diſtrait ne ſeparé de leurſdites charges par nous ny nos ſucceſſeurs Roys ; quand
meſmes il viendroit à eſtre faict nouuelles con-
ſtitutions & alienations de rétes ſur noſdites Gabelles. Et d'autant que nous auons beſoin d'eſtre
ſecourus en la neceſſité preſente de nos affaires
de notable ſomme de deniers : & auſſi qu'il eſt
raiſonnable que nous ayós ſoin d'aſſeurer autant
qu'il nous eſt poſſible le maniment des deniers
affectez au payemét des arrerages deſdites rétes,
Nous auons attribué & attribuons par ceſdites
preſentes, ſçauoir à chacun deſdits Receueurs
generaux & payeurs deſdites rentes deux deniers
tournois pour liure en l'annee de leur exercice
de toute leur recepte actuelle, pour en ioüir & les
tenir & poſſeder en heredité & leurs ſucceſſeurs
auſdits offices, enſéble leurs veſues & heritiers,

auec les mesmes facultez & conditions que les Receueurs generaux de nos finâces & du Tailló, & deux mil liures tournois d'augmentation de gages par an, outre les anciens gages dont ils iouïssent: Et chacun desdits trois Controlleurs quinze cens liures tournois aussi d'augmétation de gages par chacun an par dessus les anciens attribuez à leurs charges: le fonds desquels gages & taxations sera mis en leurs mains, comme de leursdits anciens gages, & laissé par nos Estats sur les deniers de nosdites Gabelles, auec celuy desdites rentes. Pour lesquelles nouuelles rentes de quatre cens mil liures d'vne part, & cinq cens mil liures d'autre, ils feront & dresseront leurs comptes comme ils ont accoustumé pour les anciennes rétes, sans qu'ils y puissent estre troublez ny empeschez en quelque sorte & maniere que ce soit: Et pour raison de ladite augmentation de gages l'eualuation & estimation de leurs offices sur laquelle ils ont payé le prest & soixantiesme denier d'icelle, pour iouïr du benefice de la dispense des quarente iours ne sera augmentee, & ne seront tenus payer plus grande somme pour iouïr à l'aduenir ny leurs successeurs dudit benefice, tant qu'il aura lieu, que celle qu'ils payent à present; le tout à la charge de finâcer en nos parties Casuelles par nosdits Receueurs & Controlleurs generaux desdites rentes, la finance à laquelle chacun desdits officiers sera taxé en nostre Conseil, pour lesdites nouuelles attributions dans le téps qui leur sera declaré conformément audit Arrest, & moyennant la finance qui nous sera payee par lesdits Receueurs generaux &

B iij

payeurs deſdites rentes pour l'attribution deſdites taxations, Voulós & nous plaiſt qu'ils ſoient
à l'aduenir ainſi que les Receueurs generaux de
noſdites finances, diſpenſez comme nous les diſ-
penſons par le preſent Edict, de bailler cautió
pour le faict de leurs receptes, ains ſeront ſeule-
ment tenus faire apparoir aux gens de nos Comptes à Paris, & auſdits Preuoſt des Marchands &
Eſcheuins de la quittáce de finance qu'ils auront
payee pour ladite attributió hereditaire de deux
deniers pour liure de taxation, & ce faiſant les
cautions & certificateurs par eux cy deuant bail-
lez demeureront deſchargez de leur cautionne-
ment, comme dés maintenant nous les en deſ-
chargeons, & demeurera iceluy droict ſpeciale-
ment obligé enuers nous & leſdits Preuoſt des
Marchands & Eſcheuins pour le payement deſdites rentes aſſignees ſur noſdites Gabelles. SI
DONNONS EN MANDEMENT à nos amez & feaux
Conſeillers les gens de nos Comptes à Paris, que
ceſtuy noſtre preſent Edict, ils facent lire, publier & regiſtrer, & du contenu en iceluy faire
ioüir & vſer pleinement & paiſiblement noſdits
Receueurs generaux, payeurs des rentes & Cón-
trolleurs generaux de noſdites Gabelles, leurs
ſucceſſeurs eſdites charges, leurs vefues & heritiers ainſi qu'il eſt cy deſſus declaré, ſans permet-
tre qu'il leur ſoit faict, mis, ny donné aucun trou-
ble ny empeſchement au contraire, nonobſtant
tous Edicts, Declarations, Reglemens, oppoſi-
tions ou appellations quelſconques, deſquelles
ſi aucunes interuiennent, Nous en auons retenu
& reſerué la cognoiſſance à nous & à noſtre Có-

seil, & icelle interdite & defendue à toutes nos
Cours & autres Iuges : Car tel est nostre plaisir.
Et afin que ce soit chose ferme & stable à tous-
jours, Nous auons faict mettre nostre seel à ces-
dites presétes, sauf en autres choses nostre droict
& l'autruy en toutes. Donné à Paris au mois de
Decembre, l'an de grace mil six cens vingt-cinq.
Et de nostre regne le seiziesme. Signé, LOVIS.
Et sur le reply, Par le Roy, DE LOMENIE.
Et à costé VISA. Et seellé du grand seau de cire
verte, en lacs de soye rouge & verte. Et sur ledit
reply est encore escrit,

Leu, publié & regiftré en la Chambre des Comptes, ouy
le Procureur general du Roy, par le commandement de sa
Maiesté, porté par Monseigneur son frere, venu exprés en
ladite Chambre, assisté des Sieurs Dornano Mareschal de
France, de Champigny, & de Leon Conseillers en ses Con-
seils d'Estat & Priué, le sixiesme iour de Mars mil six
cens vingt-six.

Signé,

BOVRLON.